Terra mia Terra

*la Calabria di **Franco Costabile** è la mia Terra*

Alla Calabria,
terra di silenzi e di solitudini,
dove un canto di poeta
risuona soave poesie d'amore
che consolano il cuore.

Youcanprint *Self-Publishing*

Titolo | Terra mia Terra
Autore | Paolo Tulelli
Immagine di copertina a cura dell'autore
ISBN | 978-88-91181-35-0

© Tutti i diritti riservati all'Autore
Nessuna parte di questo libro può essere riprodotta senza il preventivo assenso dell'Autore.

Youcanprint Self-Publishing
Via Roma, 73 - 73039 Tricase (LE) - Italy
www.youcanprint.it
info@youcanprint.it
Facebook: facebook.com/youcanprint.it
Twitter: twitter.com/youcanprintit

Presentazione

La volontà di pubblicare queste pagine in onore e a ricordo del poeta Franco Costabile, a novant'anni dalla nascita e a cinquanta dalla morte, si sviluppa attraverso un viaggio nostalgico e malinconico nei suoi versi pungenti ed ancora attuali, che in uno scandaglio interiore tra ragione e sentimenti ci riporta negli immensi scenari poetici che si respirano nel cielo della Calabria.

Franco Costabile, poeta calabrese, nato a Sambiase, in provincia di Catanzaro, nel 1924 e morto suicida a Roma nel 1965, è, certamente, il poeta che più di tutti ha saputo rappresentare le drammatiche condizioni della Calabria e del popolo calabrese.
Nelle due raccolte di versi che ci ha lasciato (Via degli ulivi e La rosa nel bicchiere), ha saputo sintetizzare, oltre alle vicende della sua regione, anche la sua vita in tutte le sue sfaccettature, decifrando con ceselli di metafora la realtà e il dolore della sua terra e del suo cuore.

La sua poesia è, dunque, senza alcun dubbio, una poesia civile, amara ed accusatoria che affronta diversi temi di varie epoche fino ai giorni nostri. Una poesia che è denuncia sociale che il poeta coglie in tutte le sue forme e che genera nel suo intimo un processo di lacerazione dell'esistenza che acutizza il suo male oscuro sino all'immane tragedia.

"Come poeta è stato amato ma è stato presto dimenticato.
Bisogna riscoprirlo per poterlo riamare."

p.t.

Franco Costabile, poeta reale

Un uomo lontano dalla propria terra vive con grande sofferenza le sue passioni, i suoi affetti, la sua stessa esistenza. Ha nel cuore un lacerante dolore che gli impedisce di scorgere la visione più dolce della vita, e tutto ciò diventa struggente se quest'uomo ha un animo sensibile e, soprattutto, se è un poeta. E così è stato per *Franco Costabile*, poeta calabrese, morto suicida all'età di quarantun anni.

Il Costabile nasce a Sambiase, un centro del lamentino, il 27 agosto 1924. La sua infanzia, segnata dall'abbandono del padre, trasferitosi in Tunisia, la trascorre nella sua terra natia confortato dalle amorevoli cure materne.

Conseguita la maturità classica, si trasferisce a Roma e si iscrive alla facoltà di Lettere dove ha come docente il poeta Giuseppe Ungaretti. In questo periodo conosce e frequenta molti intellettuali del suo tempo (Bigiaretti, Pasolini, De Libero, Accrocca, Brignetti, Enotrio Pugliese), con i quali si lega da sincera amicizia.

Terminata l'Università intraprende la professione d'insegnate in un istituto tecnico romano.

Nel 1950 pubblica il suo primo volume di poesie *(Via degli ulivi)* e già da questi primi versi si può comprendere il Costabile *"poeta e uomo"*, il quale non riuscirà mai a staccarsi dalla sua terra, con la quale ha un legame così forte da sentirsi altrove un *"soldato sconfitto"*, e sarà proprio questo travaglio interiore che lo porterà al suicidio, avvenuto a Roma il 14 aprile 1965.

Nel 1961 dà alle stampe la sua seconda raccolta di poesie *(La rosa nel bicchiere)*, con la quale descrive la vita quotidiana dei suoi corregionali, denuncia l'arretratezza e il degrado della propria terra e chiama per nome i responsabile di tale situazione, ma, sempre in questa silloge, si può evincere l'amore immenso e, nello stesso tempo, sofferto che il Costabile ha con la Calabria: *"rosa nel bicchiere."*

Franco Costabile è, dunque, un uomo di Calabria, ma è soprattutto un poeta, il quale merita di essere conosciuto e compreso sia come uomo che come letterato, perché è nella sua poesia che si può capire *"l'uomo Costabile"*, con tutte le sue tristezze e le sue speranze deluse di uomo del sud, fino a comprendere la sua immane tragedia.

Possiamo affermare, quindi, che il Costabile è un *"Poeta reale"*, che ritorna attuale ogniqualvolta si parla di meridione e di emigrazione e che la sua poesia vada riscoperta e riproposta alle nuove generazioni per meglio conoscere un poeta troppo presto dimenticato.

A tal fine, nelle pagine successive di questo libretto verranno riproposte alcune delle sue poesie, purtroppo ancora attuali, alla Calabria dedicate.

Calabria, rosa nel bicchiere
di Franco Costabile

"V'è un dolore
di prima mattina
che il mondo non può capire
né raggiungere."

Per altri sentieri

Per altri sentieri
torneremo alla piana
celeste di ulivi.
Saremo
dove si leva
l'infanzia dei profumi;
dove l'acqua
non si fa nera
ma vacilla di luna;
dove i passi
avranno memorie di solchi
e le dita di melograni;
dove ti piace dormire
e ti piace amare.
Sono questi gli orti,
i confini per ricordarci.

Io, lassù

Io, lassù,
fra gli alberi anneriti
non potevo più vivere.
E abbandonai le carbonaie
dentro il fumo pesante dei meriggi.

In principio vagai
con un poco di sole
e quattro soldi di stelle per sera.
E mi bastava;
perché meglio sentissi la mia libertà.

Poi venne l'inverno
e lo passai nella grotta del pastore
che mi disse le favole più vere
con le pelli di capra fino agli occhi.

Al tepore di marzo
arrangiai una debole avena
nel luccicare delle canne al fiume,
e me n andai con un inverno in più
fra memorie di sassi e lucertole nuove.

Suonavo la vita
delle mie carbonaie
e i giorni diventavano più lunghi
nel profilo d'un colle,
d'un lembo di mare, d'un uomo.

E la città. La grande città.
Vi arrivai una domenica d'estate.

E da allora, anche oggi,
umiliato rasento le vetrine,
l'aria calda e odorosa dei forni;
fra le cicche e gli sputi
raccolgo la pietà del marciapiede.

Signore,
io non voglio impararti
come un altro mestiere.
So di che lievito è il pane dell'uomo.
E voglio cercarti in silenzio e in amore
dove matura il grano.

Giorni riposati

Monti,
orizzonti,
golfi
di sapienza.

Un passero
cinguetta in calabrese.

Boschi dorati,
la nonna è all'arcolaio.
Giorni riposati,
il grano è nel solaio.

Calabria infame

Un giorno
anche tu lascerai
queste case,
dirai addio,
Calabria infame.
Solo
ma leale
servizievole,
ti cercherai
un'amicizia,
vorrai sentirti
un po' civile,
uguale a ogni altro uomo;
ma quante volte
sentirai risuonarti
bassitalia,
quante volte
vorrai tu restare solo
e ripeterti
meglio la vita
ad allevare porci.

Ce n'è di paesani

Ce n'è
di reste d'agli
nelle case,
di cartucciere
e di madonne appese.

Ce n'è di donne
scalze senza pane
a raccogliere frasche
a vendemmiare.

Ce n'è di gente
che zappa e non parla
perché pensa
a un'annata migliore.

Qui tutto
è come prima,
tranne i morti.

Ce n'è
di caporioni
sotto il sole,
di fichidindia
e pistole lucenti,

ce n'è di ulivi
bruciati nella notte
fucilate
a finestre e balconi.

Cantano
tutti i galli
aurore e carabinieri.
Soltanto i morti
non hanno pensieri.

Ce n'è
di lupi
e padroni
in collina,
ce n'è
di commissioni,
progetti di strade,
e piove,
passano inverni
e parole.

Qui tutto
è come prima,
come prima dell'acqua
e delle capre.

Ce n'è
di lettere di parroci
per Roma,
di passaporti
sogni americani.
Ce n'è
di paesani
per il mondo,
tutti padri e fratelli
alla ventura,
così la bocca
non puzza di cipolla.

Qui tutto
è come prima,
tranne voi,
onorevoli,
governatori,
voi, amici,
Leonardi da Vinci
della Cassa del Mezzogiorno.

La Sila

Il lago,
gli abeti,
dici bene
la Svizzera.
Mettici
i fiorellini
e in lontananza
le pastorelle,
le mucche calme lavate
nel sole che tramonta,
d'oro naturalmente,
dietro i pini, perfetto.
Mangi
di buon appetito,
dormi a sazietà.
Se poi,
quella gente
ci vive d'inverno
col pane di segala
e i lupi,
a te, che importa.
Te ne stai
nel calduccio, in città,
raccontando agli amici
il verde odoroso dei pini.

Sonno di garofani

L'acqua
del paese
ancora scorre
senza tubature,
ne s'alzano antenne
architetture
di pulegge e gru
perché gli uccelli
possano sbagliare.
C'è pace
vita chiara
di donne di bambini
di carri tirati dai buoi
e a sera, quando ai balconi
c'è sonno di garofani,
due stelle bizantine
s'affittano una stanza
nel cielo della piazza.

Ultima uva

Che volete,
che volete ancora
da questa terra.

Vi paga
il canto del gallo
bimestre per bimestre,
paga il sale
come se fosse argento,
paga l'erba l'origano,
vi paga anche la luna nuova.
Che volete di più,
ditelo e lo farà, ma lasciatela,
lasciatela in pace.

È così stanca
di sentirsi ripetere
il pane l'albero
il barile dell'abbondanza,
e di aspettare,
di aspettare, aspettare…
Prendetevi
l'ultima uva
ma non tormentatela
col patto degli acquedotti.

Prendetevi
anche la madia
il setaccio
ma rispettatela almeno
nell'estrema unzione

dei suoi uliveti.
Ha veduto i suoi figli
morire di dissenteria,
partire da emigranti,
andare ammanettati.

Ha veduto contare
dal regio scrivano
tutte le sue pecore
una per una.
Ha veduto posare
casse di munizioni
nei campi di granturco
e bruciare le masserie le case.

Adesso
lasciatela,
lasciatela sola
al confine delle sue foglie.
Quanti anni di sole
ci sono voluti per capire
tanta oscurità,
tanto disordine di frane
e di vicoli,
e poi l'ordine,
l'ordine dei carabinieri.

Lasciatela.
Un'amicizia
in tanti anni,
un affetto sincero
non l'hai mai avuto.
Mai nessuno

che un giorno al balcone
le abbia parlato
di un vestito
di un paio di scarpe,
le abbia spiegato
in confidenza
come si prepara una tavola,
qui il coltello,
qua il cucchiaio, la forchetta.
Lasciatela
Con una brocca
o un bicchiere di cristallo
berrà sempre
al pozzo del suo dolore.

Anche voi
così lontani
ma del suo stesso sangue
della sua stessa razza accanita,
smettetela con le nostalgie,
non mortificatela
con quel dollaro spaccone
in una busta,
con quel pacco di vestiti usati.
Le basta lo scialle nero
che vi coprì bambini.

Che volete,
voi, voi tutti,
che volete di più.
Ditelo, vi ha sempre detto di sì,
non sapeva firmare
e vi ha messo i segni di croce

che tutti volevate.

Prendetevi
allegria e gioventù
e seppellitele in una miniera.
È carne, vita sua
ma forte,
cresciuta con latte e disgrazie.
Prendetevi anche il cielo
questo azzurro così antico così raro
portatevelo via.

Lasciatela
al cantuccio
della sua lucerna,
sola,
col ricordo
del nipote minatore.
Non venite a bussare
con cinque anni
di pesante menzogna.

La rosa nel bicchiere

Un pastore
un organetto
il tuo cammino.
Calabria,
polvere e more.

Uova
di mattina
il tuo canestro.
Calabria,
galline
sotto il letto.

Scialli neri
il tuo mattino
di emigranti.
Calabria
pane e cipolla.

Lettera
dell'America
il tuo postino.
Calabria
dollari nel bustino.
Luce
d'accetta
l'alba
dei tuoi boschi.
Calabria,
abbazia di abeti.

Una rissa
la tua fiera
Calabria,
d'uva rossa
e di coltelli.

Vendetta
il tuo onore.
Calabria
in penombra,
canne di fucili.

Vino
e quaglie,
la festa
ai tuoi padroni.
Calabria,
allegria
di borboni.

Carrette
alla marina
la tua estate.
Calabria,
capre sulla spiaggia.

Alluvioni
carabinieri
i tuoi autunni.
Calabria,
bastione
di pazienza.

Un lamento
di lupi,
i tuoi inverni.
Calabria,
famigliola
al braciere.

Francesco di Paola
il tuo sole.
Calabria,
casa sempre aperta.

Un arancio
il tuo cuore,
succo d'aurora.
Calabria,
rosa nel bicchiere.

Il canto dei nuovi emigrati

Ce ne andiamo.
Ce ne andiamo via.

Dal torrente Aron
dalla pianura di Simeri.

Ce ne andiamo
con dieci centimetri
di terra secca sotto le scarpe
con mani dure con rabbia con niente.

Vigna vigna
fiumare fiumare
doppiando capo Schiavonea.

Ce ne andiamo
dai campi d'erba
tra il grido
delle quaglie e i bastioni.

Dai fichi
più maledetti
a limite
con l'autunno e con l'Italia.

Dai paesi
più vecchi più stanchi
in cima
al levante delle disgrazie.

Cropani

Longobucco
Cerchiara Polistena
Diamante
Nào
Ionadi Cessaniti
Mammola
            Filandari....

Tufi.
Calcarei
immobili
massi eterni
sotto pena di scomunica.

Ce ne andiamo
rompendo Petrace
con l'ultima dinamite.
Senza
sentire più
il nome Calabria
il nome disperazione.

Troppo tempo
siamo stati nei monti
con un trombone fra le gambe.
Adesso
ce ne andiamo
muti per le scorciatoie.

Dai Conflenti
dalle Pietre Nere da Ardore.
Dal sole di Cutro
pazzo sulla pianura

dalla sua notte, brace di uccelli.

Troppo tempo
a gridarci nella bettola
il sette di spade
a buttare il re e l'asso.
Troppo tempo
a raccontarci storie
chiamando onore una coltellata
e disgrazia non avere padrone.

Troppo
troppo tempo
a restarcene zitti
quando bisognava parlare, basta.

Noi
vivi
e battezzati
dannati.

Noi
violenti
sanguinari
con l'accetta
conficcata
nella scorza
dei mesi degli anni.
Noi
morti
ce ne andiamo
in piedi
sulla carretta.

Avanzano le ruote
cantano i sonagli verso i confini.

Via!
Via
dai feudi
dagli stivali dai cani
dai larghi mantelli.

Usaahè…
Via
via!
Via
dai baroni.
I Lucifero
I conti Capialbi
I Sòlima gli Spada
I Ruffo
I Gallucci.

Usciamo
dai bassi terranei
dal sudario
dei loro trappeti
dai parmenti
della vendemmia
profondi
a lume di candela
e senza respirazione.

Via
dai Pretori
dalla polizia

dagli uomini d'onore.
Non chiamateci
non richiamateci.

È scritto
nei comprensori
È scritto
nei fossi nei canali
È scritto
in centomila rettangoli
alto
su due pali
Cassa del Mezzogiorno
ma io non so che cosa
si stia costruendo
se la notte
o il giorno.

Ci sono raffiche
su vecchie facciate
che nessuno leva: l'occhio
del Mitra
          è più preciso
del filo a piombo della Rinascita.

Addio,
          terra.
Terra mia
          lunga
                  silenziosa.

Un nome
non lo ebbe

                    la gioventù
Non stanchiamoci adesso
che ci chiamiamo col proprio cognome.

Noi

Noi
ce ne siamo
                    già andati.
Dai Catoi
dagli sterchi orizzonti.

Da Seminara
dalle civette di Cropalati.

Dai figli
appena nati
inchiodati nella madia
calati
dalle frane.
Dall'Aspromonte
dei nostri pensieri.
Spegnete
le lampadine della piazza.

Scordiamoci
delle scappellate
dei sorrisi
                    dei nomi segnati
e pronunciati per trentasei ore.

Cassiani
Cassiani

Cassiani

Cassiani
Foderaro Galati
Foderaro
Antoniozzi
Antoniozzi
Cassiani
Cassiani
La croce
sulla croce,
diceva l'arciprete.
E una croce
sulla croce,
segnavano le donne.
Andavano
e venivano.
Foderaro
Antoniozzi
Antoniozzi

È stato
sempre silenzio.
Silenzio
          duro
                della Sila
delle sue nevicate a lutto.

È stato
il pane a credenza
portato
sotto lo scialle
all'altezza del cuore.

Sono stati
i nostri occhi stanchi
guardando
le finestre illuminate
della prefettura.

Carabinieri
                    fermatevi.
Guardate,
                    giratevi
non c'è nemmeno un cane.
Siamo tutti lontani
latitanti.

Fermatevi.
Restano
gli zapponi
dietro la porta.
I cieli.
I vigneti.
La pietra
di sale sulla tavola.

I vecchi
che non si muovono
dalla sedia, soli
con la peronospera nei polmoni.

Le capre
la voce lunga
degli ultimi maiali scannati.
L'argento
a forma a forma di cuore, nella chiesa.

Le ragnatele
dietro i vetri, le madonne.
La madonna del Carmine
la ragnatela di Portosalvo
la ragnatela della Quercia.
Restano le donne
consumate da nove a nove mesi
con le macchie
della denutrizione
                    della fame.

Le addolorate
le pietà di tutti gli ulivi.
Lavando
rattoppando
cucinando su due mattoni
raccogliendo
spine e cicoria.

Cancellateci dall'esattoria.
Dai municipi
dai registri
dai calamai
                della nascita.

Levateci

Scioglieteci
dai limoni
            dai salti
del pescespada.
Allontanateci
da Palmi e da Gioia.

Noi
vivi
Noi
morti
presi
e impiccati
cento volte
ce ne siamo già andati
staccandosi dai rami,
dai manifesti della Repubblica.

Di notte
come lupi
come contrabbandieri
come ladri.

Senza un'idea dei giorni
delle ciminiere degli altiforni.

Siamo
in 700 mila
su appena due milioni.
Siamo i marciapiedi
più affollati.
Siamo
i treni più lunghi.
Siamo le braccia
le unghie d'Europa.
Il sudore Diesel.
Siamo
il disonore
la vergogna dei governi.

Il Tronco
di quercia bruciata
il monumento al Minatore Ignoto.

Siamo
l'odore
di cipolla
che rinnova
le viscere d'Europa.
Siamo
un'altra volta
la fantasia
del 1° giorno di scuola
senza matita
senza quaderno
senza la camicia nuova.

Toglieteci
dalle galere.
Non ubriacateci.

Liberateci
dai coltelli di Gizzeria
dal sangue dei portoni.
Non chiamateci
da Scilla
con la leggenda
del sole
        del cielo
                e del mare.

Siamo
bene legati

a una vita
a una catena di montaggio
                    degli dei.

Milioni di macchine
escono targate Magna Grecia.
Noi siamo
le giacche appese
nelle baracche nei pollai d'Europa.

Addio,
          terra.
Salutiamoci,
               è ora.

*****

"È morto un poeta, era venuto a Roma da Sambiase...
A Roma lo avevano chiuso in una scuola, ad insegnare: come
una viola del pensiero, messa a seccare tra le pagine di un
vecchio libro di testo.
Qualche settimana prima di morire mi aveva detto: "Sono
diventato un poeta della domenica... la scuola, le lezioni
private, i compiti da correggere, qualche articolo: bisogna pur
vivere, no?... e allora non resta libera che la domenica..."
...Per vivere doveva insegnare. E per scrivere quei suoi versi
che tanto erano piaciuti a Giuseppe Ravegnani non gli restava
libera che la domenica.
Non ha avuto la forza di continuare così. Il cuore, quel suo
grande cuore di poeta non gli ha retto... Ed è morto all'inizio
della primavera: quando nella sua, nella nostra Calabria, il
sole già caldo, comincia a coprire in una trapunta gialla di
ginestre, il letto di rocce della Piccola Sila...
Aveva gli occhi di un ragazzo che non conosce ancora il male,
che non ha visto ancora la morte, che ancora non sa nulla
dell'odio, della malignità, dell'ingiustizia, di tutte quelle
malvagità di cui favoleggiano gli adulti; e di cui pare che gli
adulti si compiacciono...
La Calabria l'aveva nel cuore, nel suo grande cuore di poeta...
Ma è morto lontano come un emigrante."

Pasquale Curatola

Calabria, fiore di primavera

di Paolo Tulelli

"... è la mia Calabria:
la felicità che fiorisce al mattino,
come le rose,
per un amore che non muore."

Fiore di primavera *(a Franco Costabile)*

Calabria:
sole e mare:
stranieri e bagnanti.

Vino e tressette:
Calabria in osteria.

Calabria mafiosa:
racket e lupara:
marchio di qualità.

Uomini e fatiche:
Calabria onesta.

Calabria disoccupata:
valigie ed emigranti.

Calabria infelice:
lacrime e speranze.

Uliveti ed aranceti:
Calabria contadina.

Calabria lontana:
nostalgia nel cuore:
suicidio di poeta.

Calabria: terra mia:
fiore di primavera.

Terra mia terra

Alle pendici della Piccola Sila,
tra il San Sebastiano del Preti e
la Vergine della Luce,
c'è una solitudine d'addii
che nessuno può capire.

Ognuno è solo,
pronto a partire per un domani
migliore.
Con il cuore ferito di dolore
porta con sé un amore che non muore:

Calabria!

Terra mia terra:
raggio di sole
che consola il cuore.

Alla Piccola Sila

Dall'altura del silan appennino,
dove la natura fiorisce ridente
l'immenso,
scorgo il mare azzurro e lucente
ondeggiare in un cielo di stelle
cadenti,
dove lo sguardo del viandante,
attonito e fulgente,
si perde nell'infinito variopinto
e silente.

L'ultimo raggio di sole *(alla Calabria)*

La mia terra,
che partorisce ulivi e rose
profumate d'amore,
muore avvelenata dall'uomo.

I fiori, ormai sbiaditi,
non danno vita a farfalle svolazzine
né a nuove primavere,
come il mare,
cimitero d'aquiloni feriti,
non più concede al cielo
onde d'azzurro
per il suo splendore.

Non c'è più vita sulla mia terra.

Ed è la fantasia
di una ciminiera di lavoro
che produce disoccupazione.

Ed è la solitudine dell'abbandono:
i figli suoi partiti alla ventura.

Ed è il progresso chiamato Calabria
interrotto sull'autostrada del Sole.

Ed è l'alluvione dei giorni d'autunno
che tracima speranze ed illusioni.

Ed è l'utopia dei politici ingrati
che il diritto mutano in favore.

Ed è la 'ndrangheta:
coltelli e lupare.
Morti ammazzati.
Sangue e disonore.
L'omertà dei sogni
e delle parole.

Ed è la natura deturpata
dall'ignoranza e dal malaffare:
navi di veleni sul paradiso degli dei.

Ed è la morte.
La morte vile in corsia
che annienta l'ultima speranza
alla terra mia.

Ed è la mia terra,
l'indifesa Calabria,
che muore ammazzata
da un'overdose d'indifferenza
sul davanzale sfiorito del domani
dove ancora, si spera,
possa risorgere il sole.

Sei tu… *(alla Calabria)*

Sei la mia libertà
ogniqualvolta sono
prigioniero di me stesso.

Sei la mia bandiera:
vessillo d'amore
libero nel vento.

Sei il mio domani:
squarcio di sole
nella tristezza
del giorno.

Sei la felicità
afferrata per
un istante.

Sei la vita:
tenuta stretta
nel palmo di
una mano,
in attesa di
essere amata.

Settecentomila valigie di cartone

Settecentomila valigie di cartone
ricolme d'addii e di tanto dolore
portano lontano sogni e vane illusioni.

Lasciamo questa terra disoccupata.
Di case chiuse e di giardini incolti.
Di vie assolate e solatie
dove risuona ancora la nostra allegria.

Lasciamo gli ulivi fieri e maestosi
che precipitano dal colle alla marina
inargentando lo sguardo del viandante
e del pellegrino.

Andiamo altrove:
A Milano. A Torino.
A New York. A Buenos Aires.

Tra grattacieli di periferia e ciminiere
di fumo nero che oscurano il sole
e non fioriscono primavere.

Andiamo dove si crea il futuro,
con il cuore umiliato di nostalgia
cerchiamo lavoro per un domani
migliore.

Fatichiamo la vita
con la speranza di ritornare un giorno
dove il sole fiorisce le rose e le nostre
illusioni.

La mia terra

Ed è la mia terra
che brucia col sole d'agosto.
Che cade sconfitta
dalle piogge d'inverno.
Che si nutre del sangue
dei suoi figli ammazzati.

Questa terra dura
di solitudine e d'abbandono:
che piange ancora
il figlio suo partito emigrante;
che sogna, invano, il suo ritorno;
che muore un po' ogni giorno.

La mia terra:
paradiso d'azzurro:
di cielo e di mare.
Che la 'ndrangheta opprime.
Che il politico illude.
Che il poeta consola
con la forza delle sue parole.

Ed è la Calabria:
rosa rossa ormai recisa,
che la primavera irride
con la dolcezza infinita
di un bacio di sole
in un giorno splendente d'amore.

Nel silenzio dell'abbandono

Nel mio borgo d'ulivi sempreverdi,
dove noi, poveri cristi senza lavoro,
non sappiamo parlare più d'amore,
ogni cosa è vinta dalla solitudine e
dall'abbandono.
Come ieri i nostri padri,
lasciamo queste case vuote e silenti
dove il poeta,
caduto come vecchio soldato,
consuma gli ultimi versi di vita
nelle ore pesanti di un giorno di pioggia
che piega le fronde dei gelsomini,
in attesa di un attimo di pace che
la primavera fa con un raggio di sole
nel silenzio dell'abbandono.

Calabria fiorita

Nel silenzio del meriggio,
mi abbandono
nel lento fluire del fiume.

Sento nelle membra
il fresco alito dei pini,
che superbi oscurano
la luce del dì.

Sosto per villaggi,
ancora solitari e quieti,
a ristorare
la fonte arida e secca.

Adagio, precipito tra dirupi e pendii,
per valli appena fiorite e rinate
alla vita, riscoperte dal contadino
ed ammirate dal viandante.

Odo il canto delle lavandaie;
il fischiettio gioioso degli uccelli;
le grida festose dei fanciulli;
il verso melodioso della primavera.

Scorgo le donzelle vestite a festa,
profumate di rose e di viole;
l'argentea tinta degli ulivi e
il manto verde delle querce;

il sole raggiante nel cielo
e i prati affollati di fiori.

Continuo il mio lento fluire:
corro per città irrequiete,
prigioniere del caos, dove
la frenesia sbiadisce il sorriso.

Vado per la pianura indorata
di grano e girasoli,
che ridente
mi apre la via alla foce…

Ormai, stremato dalle fatiche
del lungo cammino…,
vago
tra limoni e bergamotti.

Richiamato dal canto delle onde,
quasi indifferente,
mi lascio rapire dal mare,
azzurra speranza,

… per un dolce morire.

La mia Calabria

La mia Calabria
è il pianto dell'emigrante
sul treno del sole
che ci porta lontano dal cuore.

È la fabbrica del niente
che produce disperazione.

È la valigia piena di nostalgia
pesante di solitudine.

La mia Calabria
è il vento che scompiglia
le stelle appese al cielo turchino
dei nostri sogni infranti.

È la pianta d'ulivo
arsa dall'abbandono.

È la piana indorata
dal sudore nero dell'Africa.

È il vecchio sulla panchina
che attende l'imbrunire.

La mia Calabria
è l'arcobaleno che abbraccia
il cielo e il mare
come le speranze dei nostri figli
affranti.

È il disonore di un morto ammazzato.

È la gioia di un giorno di sole.

È la casa chiusa che si apre
alla primavera appena fiorita.

Questa è la mia Calabria:
la felicità che fiorisce al mattino,
come le rose,
per un amore che non muore.

"Io sono il poeta che venne dal sud
con la favola dei fiori d'ulivo
e degli oleandri,

che visse d'amore dove il cielo
si perde nel mare."

Bibliografia

- **G. Nisticò:** *"Franco Costabile – ricostruzione di un poeta"*, Ediz. Frama Sud, Chiaravalle Centrale, 1979.

- **F. Costabile:** *"Via degli ulivi"*, Editoriale Ausonia, Siena, 1950.

- **F. Costabile:** *"La rosa nel bicchiere e altre poesie"*, Qualecultura Edizioni, 1985.

- **P. Curatola:** *"Aveva nel cuore nostalgia di ulivi"*, Periodico "Momento sera" del 22.4.1965, pag. 3.

- **A. Iacopetta:** *"Franco Costabile Poeta di Calabria"*, Amm. Prov. Di Catanzaro, Ass. P.I., Tip. Silipo e Lucia, Catanzaro.

- **P. Tulelli:** *"Viaggio dal Sud" (l'emigrazione e le sue conseguenze attraverso la poesia contemporanea e l'immane tragedia di Franco Costabile)*, Preda, S. Pietro Magisano, 2001.

- **P. Tulelli:** *"Fiore di primavera (Franco Costabile: poeta reale. 1965 – 2005)*, Preda, S. Pietro Magisano, 2005.

Indice

"Terra mia Terra"

Tutti i diritti riservati

www.ingramcontent.com/pod-product-compliance
Lightning Source LLC
LaVergne TN
LVHW051113180726
843512LV00011B/817